DE Principio a Medio Camino

De Principio

a

Medio Camino

RMP

Círculo Rojo
EDITORIAL

Primera edición: Febrero 2024

Depósito legal: AL 137-2024

ISBN: 978-84-1061-495-6

Impresión y encuadernación: Editorial Círculo Rojo

© Del texto: RMP
© Maquetación y diseño: Equipo de Editorial Círculo Rojo
Editorial Círculo Rojo

www.editorialcirculorojo.com
info@editorialcirculorojo.com

Impreso en España — Printed in Spain

El papel utilizado para imprimir este libro es 100% libre de cloro y por tanto, **ecológico**.

Hoy vencerás a tu yo de ayer, mañana vencerás a adversarios débiles, pasado mañana vencerás a adversarios fuertes y, al día siguiente, a adversarios que antes te parecían invencibles.

Miyamoto Musashi

Prólogo

Esta obra es el resultado de un largo tiempo de maduración. La búsqueda de expectativas inquietantes ha ido creciendo en su interior.

Cuando me decidí a escribir por primera vez, tenía 14 años. Un año atrás, en el colegio, hicimos un concurso de poesías. Cuando se expusieron, la mía pasó muy desapercibida, de hecho, ni si quiera llamó la atención, lo que provocó que en un principio me desanimara, pero nunca llegué a abandonar el lápiz y el papel. Al tiempo, un amigo me pidió un poema para regalárselo a una compañera, pues ya había leído algunas de mis letras y le parecían muy interesantes y bien elaboradas. Esa misma tarde me puse a escribir inspirándome en grandes autores como Antonio Machado o Salvador Rueda; además, como fuente primaria, los poemas que había escrito mi abuelo, Jesús Molina. Me sentía todo un profesional haciendo algún que otro encargo. Mis letras siempre fueron bien recibidas, y yo muy orgulloso de ello. Pero como todo en esta vida, mi pasión por escribir se quedó aparcada convertida en un pasatiempo más.

En mi época de universitario, los carnavales gaditanos me devolvieron las ganas de escribir y de componer. Escribía a todas horas, me dedicaba a coger melodías de las comparsas y ponerles letras, o bien componía alguna melodía propia y le escribía una letrilla. Fue en esa época, febrero de 2005, cuando me propuse escribir un poemario.

Comencé a escribir *De principio*, que fue el batiburrillo de letrillas y poemas que había escrito cuando era adolescente, las fui revisando y modificando dándole forma a la idea principal. Quise representar mis experiencias vividas y cómo veía yo a la sociedad. A esta parte le añadí *A medio camino*, que desarrollaba una crítica a la sociedad, además de las vivencias y experiencias que tuve en mi etapa universitaria. Pero llegó un momento en el que la obra se vio aparcada de nuevo. Terminar la carrera, especializarme o aprobar el máster se unieron a encontrar trabajo y desarrollar mi propia vida profesional.

Cuando terminé la licenciatura de Historia, pasé por la turbulenta crisis económica que comenzó aproximadamente en el año 2009. Me encontraba, como muchos otros, en un país paralizado en casi todos los aspectos. Era difícil encontrar una salida laboral, así que la otra opción era seguir estudiando. Comencé con un experto universitario que me llevaría a realizar el máster de preparación del profesorado. A partir de ahí, comencé a trabajar como profesor dando unas cuantas, de muchas, vueltas por la geografía gaditana.

Al caso, un buen día decidí retomar lo que había empezado antaño dándome la oportunidad de continuar la obra, revisarla, modificarla y añadirle los últimos fragmentos que completan esta primera etapa tardía del poemario *De principio a medio camino*. Y aquí me hallo, en este preciso instante, ultimando cada detalle, cada rincón de esta obra, modelándola para que dé lo mejor de sí misma.

El recorrido del tiempo es solo un paso más antes del inevitable encuentro con el destino. El camino se mostrará ante tus pasos, y tus pasos, ante tus decisiones. Sé cauto y paciente; sé honesto y decente; sé amable y tolerante; sé persona de bien. Cambia el mundo en tus acciones. Nunca dejes de creer en ti.

DE Principio

La libertad duradera

La libertad duradera, con el paso de los años,
convierte reyes en dioses;
ellos se hacen tacaños.
Sin libertad, no hay vida,
y sin reyes, no hay castigo.
Por eso, veo la playa,
no veo ya cuando te miro.
Los hombres nacidos libres
son los hombres libres que han nacido ahora
y esa libertad es libertad por siempre, donde sea que vayan.
Y el que no ha nacido libre
es el que nace esclavo
del poder, la ira; esta es su vergüenza,
este es el gobierno, este su resultado.
De la tierra de los reyes.
Tierra que es la mía,
¿vivan los cojones suyos?
Viva hipocresía.
Y cuando yo te tenga
cerquita y a mi vera.
Recuerdo descalzo
a esos hombres míos, a esos hombres tuyos.
Y esa es tu locura,
tu vida y tu tortura.
Amigos para siempre,
reyes para nunca,
amigos de la vida.
Y a esos grandes amigos,
políticos de verdad.
Ojalá escuchara un día algo parecido:
ojalá los escuchara con palabras y honestidad.

La Alhambra

Hay en la Alhambra un jardín soñado,
de granadas infinitas, dice Lisaneddin.
Un jardín de la morería tan deseado
que en la entrada custodio está el rondín.

Jardín eterno de Granada
que se ha hecho inmortal.
La Ciudad Roja deseada.
Protegida por un almaizal.

Te espero lejos, te siento cerca

El sentir más sentido que él la quería.
Sabiendo en su regazo que no vendría.
Para inculcar el motivo de su lejanía,
en el balcón de sus ojos se asomaría.

La plaza de la Rosa

(Letra dedicada a la familia Cortés)

El barrio ya está que arde
a plena luz de este día.
Un alma negra y cobarde
que no tiene vida y que no tiene luz.
Arrebató la cordura
en la plaza de la Rosa
y adoptó la postura
cobarde, mezquina, tunante y odiosa.
Hay que nacer cabrón
y tener a esos padres tirados en la calle,
sin aliento ninguno,
rezando a la virgen, la luz de María.
Hay que nacer cabrón y tener en un sitio
a la niña escondida.
Sordo, háztelo. Cuando esta letra
corra al viento sin dolor.
Cuando la gente que la escuche piense que
no habrá un momento en el que haya compasión.
Ahora, piensa que fuese tu hijo
al que robaron sin piedad,
hijos de puta de tu misma condición,
que hasta al nacer la tierra se echa a llorar.
Y si la niña no aparece
entre el cielo y en la tierra,
en el infierno se ha jurado
el gran pacto de la guerra.

Atentamente, yo, que soy un servidor
de grandes dioses de esta tierra del
odio y del amor
y la bendita condición que se nos queda
entre los brazos.
Esperando del cielo
que llegue ese día
que entre la luz.
La luz de María.

Memorias de una mujer...

(Dedicado a todas aquellas mujeres que sufren la violencia machista)

Dónde guardo el sentimiento del recuerdo del ayer.
Dónde guardo las sonrisas que me enseñaste a querer.
Qué hago con el espejismo del cielo abierto
cuando en realidad eran nubes grises,
días fríos, días de tormento.

Qué hombre es más que hombre siendo un animal
Crees que tu fuerza y tu hombría te salvarán.
Del rinconcito del infierno que hay reservado no vas a escapar.

Perdida estoy, contigo no me encuentro
y de tu lado me voy, ya no hay sentimiento.

Gracias por el único momento que me has dado de libertad,
el verte ir sin camino, y me dejaste en paz.
Que ni tu mano ni tu voz en mí se vuelvan a posar.

Semita incerta

Es una ruta de la seda en la oscuridad.
Una virgen entre las finas sedas.
Una calle de vendedores en una carretera pesada.
Una división en la tumba a mano.

La Cruz de Paco Alba

(Homenaje a la comparsa de Los Templarios de Cádiz)

Acércate, niño, a la playa que de historias suenan mil.
Las de un poeta milenario que en su Cai quiso morir.
Como no estudié ni nada, no sé si podré contar
lo que traen las olitas, lo que trae la altamar.

Y solo con cinco añitos a Cai me fui a vivir,
pero nadie me dijo nunca cuál sería mi porvenir.
En la playa yo dejé una copla en bajamar
pa que nadie diga que no sepa de carnaval.

¡Ay!, en mi playa gaditana tengo lo que yo más quiero:
dos castillos en el agua y mi barquito velero.
¡Ay!, y si entras en mi castillo, en lo alto la torreta,
mirando muy abajito, encontrarás a mi Caleta.

¡Ay!, qué de tiempo hace ya que no navega el vapor
en las aguas de este mar, vaporcito de mi amor.

Y es que así yo te canto, te canto esta historia, historia divina.
Te lo trajo altamar y bajamar, qué más te da.
Te lo cantó, te lo cantó don Paco de Alba Medina.

14 de febrero, oda de Carnaval

(Dedicada a mi persona favorita, Cristina G. G.)

Ahora que llega este día tan bonito y tan precioso,
ese principito guapo se abalanza al corazón
y buscando un remedio para todos sus males,
jura amor casi eterno en los carnavales.
Y jurando amor casi eterno, juraba el tuyo y el suyo también.
Hasta que fue de noche a un botellón
y ese juramento se había partido;
él solo caminaba por dos sentidos
buscando la bragueta o el pantalón:
14 de febrero.
Cuentos baratos de príncipes azules que buscan algo que ligar.
Fríos, distantes, de piedra y como atontados.
Siento decirte al oído que esto ya no tiene ningún buen final.
Pero esto es lo que ha sido y así lo he contado.
No hace falta que llegue un día concreto
de un año cualquiera en la agenda
para darte un te quiero o darte un beso
y así que tú me lo agradezcas.
Que por esa alegría que yo he mantenido
contigo me quedo para siempre.
Yo te juro amor eterno
con la palabra si tú lo sientes.
No hay amores más puros
que los que se esconden desnudos
en los sentimientos…
La hembra más pura que los lleva dentro.

Literatura filosófica

Sentado en el pensamiento del astro más divino,
busco sentimientos de estrellas sin destino.
Encuentro cerca de lo lejos, lo más lejos
que estoy de estar cerca de mí mismo.
Del pensamiento o del sincretismo.

Culturas arrasadas
por culturas alabadas.
Qué clase de hombre es el animal
que juega con la vida de los demás.

Rumba a Camarón

A mi Camarón de la Isla yo le canto
para ponerlo en lo más alto.
¡Ay!, Joselito, qué es de tu Isla,
¡ay!, con la Chispa, que no te olvida,
que tu Nazareno te sigue cuidando.
Yo te veo todas las noches en el reflejo de la luna,
que se te ve por las callejuelas paseando,
que San Fernando es la Isla, el arte, es la cuna.
¡Ay!, a mi Camarón yo le canto…
Mi nazareno y mi Camarón.
Uno a la Isla llegó
y el otro en la Isla nació.
¡Ay!, *mare,* los dos gitanos,
dos estilos, *mare.*
Por la calle se oyen,
¡ay!, *mare*, la Semana Santa y *er* cante,
el Nazareno perpetuo.
Regidor de la Isla.
Ese Nazareno de paso tallado
en madera fina suelta esquirlas;
las guardo, me las quedo,
que al Nazareno rezo
y a Camarón veo, los dos paseando,
¡ay!, *mare,* por las calles de San Fernando.

De hoy para ayer. La diosa Gea (la Madre Tierra)

Hoy me he asomado en el balcón del sentimiento
del planeta de este mundo y ha arrancado un lamento.
Si grita y llora, es sencillo, no es complaciente
ver su cuerpo color tierra y un corazón latente.

Su melena, color amazonas.
Su pecho, un continente.
Su nombre, Gea, griega.
Tellus para Roma.

Madre de muchos es la Tierra,
pocos hijos que demuestren que la quieran.

Si es sentido el sentir, madre, que me arranque de ti.
Que si es vivido el vivir, que sepan que yací aquí.
Si es sentido el vivir y vivido el sentir, tener queda que decir:

mi madre es Gea y Tellus en Roma, Imperio;
si es mi madre la Tierra, que brille con destello.
Que nunca muera en Occidente y que sienta mi destierro.

El flamenco y el cante

Nace del fondo del ser gitano.
Nace del llanto el amor, nace el canto.
Como fuente de inspiración para tantos.

Es un sentimiento puro, de bello color,
son las alegrías, la garganta y la voz del *cantaor*.

Es, sin duda, el canto de *alante*
mezclado con el canto de atrás.
Son coloquios y cabales
jugando al son para llegar más allá.

Es el espíritu campanillero buscando falsetas
para cantar en Semana Santa profundo,
buscando adentro cómo gritar unas saetas.

Arrancarse por bulerías buscando arpegios,
eso es un artista, con bamberas;
no es destello de luna, sino un reflejo
de luz y cante, cantada de mil maneras.

Es entonces cuando suena Cádiz
porque suenan sus cantiñas.
Frescos golpes de nudillos, ¡eso es lo que hay!
Cádiz, qué hermosas niñas.

Las carceleras de mis amores
siempre jóvenes, sin guitarra, a palo.
Pero las cartageneras son de sones
jugando al levante con el viento de antaño.

El duende se lleva muy adentro,
no se cría, sino que nace, pero a fuego lento.

Cantando colombianas de ida y vuelta,
atrapando sones y farrucas que quedaron sueltas.

No es un fandango ni una malagueña.
No es la jondura ni las livianas.
No son ni milongas ni rondeñas.
Es la raza, la más pura, la gitana.

De lunares con arte o sin arte con lunares,
con confines de sabiduría y sin saberes.
De una pluma nace la letra, de una garganta
nace el cante.

Del cante nace el saber y del saber nace el sentimiento
que no enlaza un querer, sino el arte sin lamentos.
Por ello, quiero dar a conocer a mi madre, Andalucía,
para que todos sepan quién es mi padre el flamenco.

España sin fronteras. Oda de Carnaval

Otro día ha nacido de los españoles y los andaluces
que están siempre igual.
Pero hoy es distinto, no voy a quejarme, porque sur y norte
son tal para cual.
Que no importe la frontera de la patria o el lugar.
Abre tu mano y olvidemos el cinismo.
Que los del norte para el norte vamos a echar,
y los del sur siempre en el sur viviendo mal.
Y en nuestras letras de carnaval, Euskadi y catalanes a mamar.
Empieza ya a proyectar
las hileras del tiempo de nuestra historia.
Qué de hombres que murieron por la gloria.
A mí eso ya me da igual,
el caudillo lleva muerto un cuarto de siglo
y en su tumba todavía vive el fascismo.
Basta ya…

Qué iba a ser del norte y el sur
sin el norte y el sur.
Quién dará la vida a esta nación.
Quién iba a alegrarse por ser españoles,
que siempre andamos para atrás
con el cuerpo metido entre tablones.
Descarga las armas y deja los reproches.
Escucha, hermano, lo que estoy cantando.
España, nuestro pueblo siempre unido
y el pueblo unido jamás será vencido.

Hay en Puerta Tierra

Hay en Puerta Tierra
a seguir cuatro caminos.
Los cuatro gaditanos;
por ellos no te perderás,
pero ten cuidado,
puedes encontrarte en ellos
a los soldados que vinieron
a Cádiz a robar su morada bandera.
La bandera de la patria.
La que en Santa María ondulara su tela
y por las murallas recorrieran
hasta llegar a una cala
en la que, si recuerdas,
ahí estamos nosotros, los soldados,
los que luchamos por esa bandera
para que tus aguas
sigan rompiéndose en las troneras
de tus murallas.

En Cádiz está mi vida.
Recuerdo cantándole una canción
que decía:
«Ay, gaditana, que vienes de afuera,
de afuera de mi tierra,
pero una vez que entres será tuya
como la es mía,
pero no olvides
que cuando un gaditano nazca,
así como entraste tú un día,
deberás dejarle pasar

para que esta tierra,
aparte de tuya y mía,
suya sea algún día».

Pregúntale a Cádiz
por qué ya no es amiga
de la luna, el mar y el viento,
porque en Gibraltar amanece
y anochece el sufrimiento
de un submarino radiactivo
y desde mi corazón
yo te digo
que ese sí que no tiene amigos.
Pero Cádiz se queda sin nadie
y tiene que aguantar
en el puente los obreros,
que por más cojones que echan
y que yo estoy con ellos,
Cádiz llora.
Porque no le ha dicho nadie
que la quiere y que la adoran.

En la Caleta acampé
como soldado
y un día solo en Cádiz
y solo no me he quedado.
Aquí me han querido
para lo bueno y para lo malo
y Cádiz a mí me ha dejado
recorrer sus calles

para que aprendiera
con ella que nosotros somos
sus hijos y que no la olvidamos
y que no basta con gritar:
«¡Viva Lolita la piconera!»,
«¡Viva la Pepa!».
Ellas lucharon por su tierra
como lo hicieron mujeres de cigarrera,
y ahora nosotros luchamos por ella
porque Cádiz es una guerrera.

Oda a la casa

No hay lugar más sagrado
que la casa de uno mismo.
Confortable y seguro,
los rincones más amados.
No hablo de que sea un modismo.
Digo solo que no te dé apuro
que a mi casa yo te invite.
Que mis normas son sencillas:
es mi casa, casa que es la mía.
Cuando vengas, me respetas,
si no, de mi casa te las piras.

a Medio Camino

Carlos V

De rey extranjero a rey castellano.
De corona de reino a cetro imperial.
Un hombre pulcro hecho cortesano
y muchos terrenos con espacio abismal.

Batallas conquistadas en el norte y en el sur.
Algunas perdidas, otras quedaron en cruz.

Vivir de pobre yacía en el testamento.
Cerca de ellos encontró su lamento.
Regalando monedas y bienes.
En Yuste murió y otros le suceden…
Otros quedan, otros vienen.

Que vino a Cádiz

(En memoria de mi abuelo Jesús)

Era mi abuelo un tanto risueño;
a veces, era peculiar.
No hay duda de que nos quería,
por eso no lo podemos olvidar.

Un trabajador nato. Yo no puedo recordar
todos los trabajos que ejerció sin parar:
ferreterías, droguerías, mozo de almacén,
hasta maquinista de trenes con viajes de vaivén.

También fue todo un escritor.
Con su alma, a la pluma se aferra,
y esto llamó mi atención.
Escribió poemas a su tierra
y las dedicó con amor.

Abuelo, de poeta a poeta, te escribo esta oración
para que cuando la leas te sorprendas
como un día lo hice yo.

Si no lo encuentro

El recuerdo es el camino
de los que perdieron el rumbo
buscando un sinfín con un destino
cambiante y sombrío, dando tumbos.
Sin rumbo la barca, sin rumbo el camino.
Sin destino, perdido el camino
de negras sombras, ángeles blancos
de días oscuros, luz de santos.
No pierdas las fuerzas, hermano,
no decaigas en el fondo.
No te dejes, dame tu mano,
que juntos caminaremos el orondo
camino que nos muestra el propio destino.
Habla conmigo, no sientas miedo.
Sigue las sendas de este terreno.
Busca la luz en el horizonte.
Levanta, amigo, tú y yo seremos el norte,
busca en mi hombro donde apoyarte.
Porque mis lágrimas son sinsontes
de blancas luces hasta volver a encontrarte.

El Nazareno de la Isla

Mira la esquina de la calle donde el duque se abrió.
Con mucho esfuerzo y fatiga hasta la silla él llegó.

Con sus barbas y su melena un poco desaliñadas,
viento de levante en una tarde sosegada.

Bendito el día que llegaste de camino a mi ciudad.
No he visto a nadie que escapara de una revuelta sin igual.

Esa noche yo lloré por el peso de esa cruz.
De la mano él me cogió enseñándome la luz.

Él me dijo: «El camino es el sendero que ilumina nuestras almas»,
y camino hasta la iglesia del Mesón reinó la calma.
Yo le dije: «Gracias, amigo, por enseñarme el camino; montañeses somos y de cántabros venimos».

Yo su nombre pregunté y me lo dijo sin dudar:
«Soy Jesús de Nazaret, un amigo para ayudar».

Hace ya tres siglos que está con nosotros,
se sienta en la plaza de la Iglesia Mayor
y mira a los niños jugar y tomando un poco el sol.

Ayuda a sus vecinos con lo que puede,
pues es pobre y poco tiene.

Pero su buena hazaña lo marcó
y un buen día regidor perpetuo se le nombró.

Son muchos años con la cruz que se le ven andando.
Por eso en mi Isla es conocido como el Viejo de San Fernando.

¿Qué somos?

Somos lo que andamos, no lo que miramos.
Somos lo que sentimos, lo que amamos.

Somos lo que somos porque somos.
Somos sentido común, somos lo que somos.

Somos sombras en la noche,
somos niebla en el día.
Somos hambre para el pobre,
somos camino para la vida.

Somos los racionales y los morales,
aunque a veces no seamos como tales.

Siendo lo que somos, dejamos en evidencia
que siendo humanos nos guíe la providencia.

Somos lo que somos y así me lo tomo.
Que nacimos estando y moriremos siendo lo que somos:

seres humanos.

La condena

No hay leyes de decencia
de la retórica mortal.
Solo existe en tu conciencia
todo acto que esté bien y mal.

Solo pienso en los condenados,
solo pienso en cómo acabarán.
Solo son cuellos degollados;
sus almas, al infierno, donde irán.

No hay hombres ni condenas,
no hay leyes para el animal.
Solo busca la cadena
a la que nunca te quisiste arrimar.

Busca la mano de puño caliente
y del puño del bravío,
que cuando esto reviente
no quedaran más desafíos.

Supérate a ti mismo

Yo no siento como sientes,
si al ver que no sientes es ver cómo disientes.
Si te veo en el sentimiento, es saber cómo vas por dentro.
Yo no encuentro los caminos que son tan ciertos.
Como ciento y un par, veo en tu destino
cuando encuentres en la vida tu propio camino.
En la vida como en la muerte, un deseo:
tu propia ira y tu propio mausoleo.

Por no tener lo que otros tienen, como tienen;
los que tienen están vacíos.
Los que no tienen están llenos.
Los que son, tendrán menos.
Pero todos tendrán su desafío.

No busque en la palabra la guerra fácil y la usura a ultranza.
Busca el camino de dar guantadas sin manos y sin venganza.
Ahora que te he dicho esto, corre y busca tu desafío.
Estar frente de ti y ser tú mismo,
superarse a sí mismo es nuestro castigo.

Cuando sea, será

Cuando alguien conozca mi nombre.
Cuando las palabras resuenen en mis versos.
Cuando busques a ese hombre.
Cuando busques algunos besos.
Acuérdate de mi persona,
acuérdate de mis palabras.
Mira en el fondo del mar.
Mira en la nube encima del barco.
Mira en la salina, la sal.
Mira de acuerdo con el ojo de arco.
Mira de lleno, sin dudar.
No mires en donde nunca fui;
por si me ves por allí,
no pises el fondo del sentimiento.
No lo pises, quiérelo,
tenlo muy adentro.
Ahora mira a tu lado para ver quién está;
si es la persona a la que más quieres,
léele esta carta con amor y paz.

Hace ya algún tiempo

(En memoria de mi abuelo Eduardo)

Hace ya algún tiempo que te marchaste,
pero yo en ti pienso todos los días.
Y es que tú en tu nombre me dejaste
esos grandes recuerdos que no se perdían.
En la palabra de mis mayores
que da el reflejo del pensamiento,
sentado a tu lado con sentimiento.
Son de esos días que no los hay mejores.
Un hombre que es más que valiente
por mirar de frente,
siempre y cuando tuviera que hacerlo.
Y es que ese era mi abuelo.
Ese hombre marino y valiente que yo conociera
de la mano de mi abuela.
Y ahora que estamos aquí y te echamos de menos,
hoy quiero a ti contarte todos mis momentos buenos.
He acabado todos mis estudios, como prometí,
y yo sigo para adelante.
También sigo con aquella niña que un buen día
yo fuera a presentarte.
Y aunque todo, todo aquí en la tierra es como si no tuviera prin-
cipio ni fin.
Por la vida que he vivido y la que me queda todavía por vivir.
¡Ay!, Yeyo, hoy tenía que escribirte
para gritarle a la historia que tu nombre no tiene fin.
Mi querido abuelo, Eduardo Pérez Martín.

Mi vida

Andando solo este camino
es más probable que me pierda.
Y como ir tirando piedras
para no perderte, niño,
otros tiraron muchas migas
y todavía están más perdidos.
Al final de este camino encontrarás
un sinsentido en este mar
de confusiones e ideales,
y todavía están más perdidos.
Sé que escucharás
una voz sin igual
sin pedir nada a cambio.
Pero a cambio te dará
un consejo en la palabra
para volverte a guiar.
Un consejo nada más,
un consejo para ti y
para tu camino,
que ellos son lo primero que ves
nada más que nacer.
Lo primero que vimos.
Y yo, por un millón de razones,
hoy doy gracias a mis padres,
que me educaron así.
Sí, si la palabra manejo
es por hacerme de provecho
y superarme a mí mismo.
Demostrando lo que sabía.

No necesito demostrarle
ni al mundo ni a esos fanfarrones
más de mí que lo que veían.
Este recuerdo dedicado nada más
que a todo el mundo, sin pararme a pensar
que todo el mundo puede verlo sin dudar.
Cuando ellos quieran
y, sin más, con esta carta lo termino.
Lee uno a uno estos renglones de una vez
y míralos más si necesitas
porque en cada letra de esta carta encontrarás
mi vida.

Cuando te sale

Cuando te sale la palabra inspirada
y la manejas con total impunidad,
es el papel el que te teme de verdad.

Porque la pluma se vuelve como un arma y un cañón.
Las palabras de mi pluma atacan al corazón.

Reivindicando los derechos de las personas.
Reivindicando la igualdad.
Los derechos del ciudadano.
Los derechos con vanidad.

No permitiré que se juegue en vano con la palabra.
No permitiré, de ninguna manera, más cobardía.
No permitiré que la sociedad se vuelva macabra
si de la vida de mi pluma sale la rebeldía.

Cuando llega la noche

Cuando llega la noche, se hace eterna en tu mirar.
Las horas y los minutos que pasas mirando al mar.
Quiero la noche eterna en tu presencia,
sin que termine, y que me dejes tu esencia.
Sin que te vayas, sin que se afine, sin la mirada,
sin recalcar la fuente eterna de la vida de un paso más.
Sin que los versos se rompan por las esquinas.
Sin que veamos el anochecer, desnudos,
el momento y la vida pasar, que hasta la vista satinan.
Qué fue del ayer si no recuerdo el mañana.
Qué fue de la vida si no recuerdo el ayer.
Qué fue del hoy si no repican ni las campanas.
Qué será de mí si no te he vuelto a ver.
Qué fueron de las promesas si no vuelan con alas.

La reflexión profunda

Al elefante y la hormiga.
Como un dicho en un pajar,
de la noche y con su amiga
ellos no pueden jalar.
No conocen del destello
ninguna forma singular.
No conocen ni se sabe
un momento similar.
Qué cantigas más amables.
Qué señoras tan risueñas.
Los paseos por la mañana,
sol naciente de color alheña.
La hormiguita y el pastor
quieren ser mayores
para llevar al rebaño
entre campos de algodones.

El sol y el horizonte

Por más tiempo que pasa, nunca cambia el horizonte.
Siempre expectante del largo caminar de la vida.
Alegre en el atardecer cuando el sol se esconde entre el monte,
cuando la fauna se une con la flora y en el norte son queridas.
«No es un adiós —nos dice—, sino una despedida
que por poco tiempo será complacida.
He vuelto por la mañana temprano».
Se aburre el sol y pregunta: «¿Ahora qué hago?».
Tú lo sabes, horizonte que lo llevas dentro;
al sol, al poniente, al levante y tus sentimientos.
«No desesperes, pues que solo tardo un momento,
ahora vengo, que salgo por levante.
A ver si caigo en occidente».
Por haber habido, muchos han caído,
pero pocos se levantan.
Porque muchos se han perdido.
Sol, no te caigas, encuentra al horizonte por la playa;
si no lo encuentras, sigue buscando por occidente
o busca por oriente, pero sol, por favor, no te vayas.

En un barrio...

En un altar de madera, pobre, pero de gloria,
veo ese rostro marchito de pena, pero como una joya.

Cara de gitana canastera de su barrio;
no hay niña más guapa que guarde el relicario.

De su padre del cielo a manos de la tierra.
Su padre, con cincel y cuidado, él se esmera.

De un grupo nace María, Santísima es ella;
de la Oliva nace un grupo para la más bella.

María Santísima Esperanza de la Oliva, reina mía,
no estés triste, que te dije que no te dejaría.

Y aunque pasen mil años, no te olvidaremos.
No llores, virgencita, que pronto volveremos.

Desahogo

(Dedicada a aquellas personas que alguna vez se desahogaron
contándome sus penas)

Cuando uno pierde la luz en su vida y su trayecto,
solo busca el camino que le devuelva a todos los efectos:
la vida que ha perdido buscando la luz.
Hoy estoy algo triste, pero contento a la vez.
Encuentro en alguien esa luz que perdí.
Por un instante, miedo y pavor sentí,
pero dentro de mí encontré mi ser.
Me responsabilicé de no perder la calma,
de ser yo mismo y de tener presente
que Dios está conmigo
y me tiene latente.

Serénate con el pasar del tiempo.
Encuentra el ser que se elevó al viento y
desahógate con el lamento.

El amor y la cruzada

1

Caballero mío del alma,
no te rindas en la guerra.
Lucha siempre en la batalla,
no caigas en la tierra.

2

Amada mía de mi vida,
te quiero con el corazón.
Volveré pronto de mi ida;
no temas tú, mi amor.

3

En la guerra, como el amor,
no siempre se gana.
Muchas veces hay dolor;
otras, te ganas la fama.

4

Hoy parto a la cruzada.
No hay momento alguno
que no piense en tu mirada,
y como tus besos, ninguno.

5

En mi espada, mi punto de mira.
En mi sangre, el enemigo, mi ira.
En la guerra, derrotas y victorias.
En su nombre yace la gloria.

6

Siente la calma, siente la seda.
Siente la vida, siente la espada.
Corona de olivos para los vencedores.
Corona de espinas para los perdedores.

El amor y la cruzada II

1

Derrotas y guerras con armas.
Armaduras y escudos de hierro.
Sones de vida y mucha calma.
Victorias mansas y destierros.

2

Semita incerta del hombre.
Caminos oscuros para él.
Tierra, en qué nombre:
en el tuyo, mío y el de la fe.

3

Después de matar al dragón
de cuatro cabezas, y moribundo,
miró a la estrella de Orión
para decirle que vaya mundo.

4

Son príncipe y princesa
los que comen felices.
En la casa, encima de la mesa,
son ellos, que comen regalices.

5

Menudo canto sería
si no existe otro más lejano.
Que por cantar valdría,
que hasta el trovador es troyano.

6

Y en esta canción de señores
se despide el escritor.
Con dos pares de «amigos».
Cántame: ¡trovador, trovador!

Muchas maneras de paraísos

Aunque pase por tu casa los domingos muy temprano
en busca de ese camino que te lleva al paraíso.
Aunque dejaste atrás los recuerdos en tu mano
y en la otra, qué dejaste. Lo que dejaste y Dios quiso.
No vendrán a despertarte cinco ángeles y un yugo.
Porque lo más seguro
es que venga el Diablo.
Y es en la punta afilada donde se contiene el veneno
que aparece en la vida,
la destroza y la gira
hasta verla vomitar.
Por eso, no busques el sueño eterno,
este sueño tan amargo
que dejaste y es tan largo,
todo para no darte terreno.
¡Mírate al espejo y dime la verdad!
Si te gusta lo que ves en el fondo y más allá.
Si te gusta que la muerte te venga a buscar
con su lista y la guadaña.
Mira ahora dentro de tu agonía,
busca el principio y el final.
Encuéntrate pronto, porque la muerte
te viene a buscar
y de ella no podrás escapar.

La espera

Larga la espera.
Larga la mañana.
Ha sido larga la travesía,
pero mereció la pena.
Ha sido duro el trayecto
y duro el momento.
Pero, a pesar del tiempo,
todo tiene cura.
Y lo bueno se hace eterno
porque lo malo desaparece.
Y aunque se quedan cicatrices,
en el tiempo se vive
y de los errores se aprende.

Un padre y una madre

(Dedicado a todos los padres y madres del mundo, en especial, a los míos)

Un padre y una madre son figuras diferentes.
Y uno mismo eso lo tiene que aceptar.
Una madre está contigo hasta el infierno
y un padre te protege sin dudar.
La madre se convierte en armadura
para que, cuando sufras en la vida,
las heridas del destino no te hagan sollozar,
se curen rápido y sin dolor,
se pasen sin molestar.
Un padre y una madre son diferentes,
pero no se les puede negar.
Que quieran a sus hijos a su forma
y nanas canten para recordar.
Las noches que ha pasado el universo
a tu lado en un momento ideal.
Tu padre te enseñaba de la vida.
Tu madre te enseñó a respetar.
Un padre y una madre, al final, no son tan diferentes.
Solo tienen diferencias al pensar
que sus hijos son sus hijos
y nadie los podrá igualar.
Un padre y una madre son el tesoro
que jamás en una lotería te tocará
porque, por más oro que tengas,
el amor no se puede comprar.
Un padre y una madre son el estandarte
en un momento de tu vida.

Y aunque a veces no estés de acuerdo con ellos,
en otro momento de la vida lo estarás.
Por eso, perdónalos si alguna vez te fallaron.
Seguro que tú fallaste también en alguna ocasión.
Ellos siempre te perdonaron.
Cuida a tus padres porque son una bendición.

Sociedad complicada

Hoy día es difícil ver la realidad
de un mundo complejo,
enfermizo y deshecho
de la cruda inhumanidad.
Lo que nos parece bien a algunos
les parece mal a otros.
No nos paramos a pensar en lo bueno o lo malo,
solo en nosotros mismos.
No miramos a otros por lo que reivindican,
sino por nuestro egoísmo.
Nos importan más por lo que publican
en sus redes sociales.
Ni siquiera son reales.
Son de mentira o ficticios.
No lo sabemos,
no nos lo han dicho.
El mundo se pudre entre corrupción e ironía,
entre doctrinas ficticias y palabras vacías,
entre ideales vacíos de un ápice de conocimiento.
Un conocimiento vacío lleno de remordimiento.
El mundo cambiante.
Lucha de otros.
El mundo de muchos.
Lucha incesante.
Ni política ni países,
ni dioses ni doctrinas.
El mundo tirado al abismo,
y esto sí es real.
Creo que no es un espejismo,
pero es más fácil no mirar.

El resurgir

La mañana era oscura,
la noche se tornó clara.
El camino incesante
junto al deseo de tenerte.
La sonrisa que pasea
por las mejillas de tu cara.
El alba por la ventana.
El sol reluciente.
La noche y la mañana.
La vida imparable
de luces de color…
Resurge, vida mía,
resurge, mi amor…

La noche eterna

Llega latente e imparable.
No la detiene nadie.
Nadie la siente.
Nadie la toca.
Nadie la conmueve.
Nadie la juzga.
Es eterna.
Es infinita.
Es descanso.
Es reflexión.
Es la noche eterna,
una noche de adulación.

El ocaso

Lo que empezó como una idea en mi juventud
se ha convertido en una realidad.
Lo pensé, lo creé, lo doté de virtud.
Se hizo a sí mismo como una gran verdad.

No podía terminar sin despedirme.
Sin poner el punto final a mi poemario.
Sin mirar atrás y volver a sumergirme
en el mar de ideas de un proceso literario.

Agradecido:

A los que me leen y leerán.
A mi familia y amigos.
A los que no lo harán.
A los que me han apoyado.
A todos en general.
Gracias a todos, de verdad.
El ocaso llega, pero se irá.
Vuelve en la noche oscura,
pero el sol saldrá.
Llegan volando los vientos nuevos.
Llega el Cuervo Blanco
y, con él, nuevas aventuras que contar.

Índice